Angry Alien

A A A

a a a

Beastly Alien

B B B

b b b

Creepy Alien

C C C

c c c

Daft Alien

D D D

d d d

Electric Alien

E E E

e e e

Fiery Alien

F F F

f f f

Ghastly Alien

G G G

g g g

Horrid Alien

H H H

h h h

Itchy Alien

Jagged Alien

J J J

j j j

Kingly Alien

K K K

k k k

Large Alien

Messy Alien

M M M

m m m

Naughty Alien

N N N

n n n

Octagonal Alien

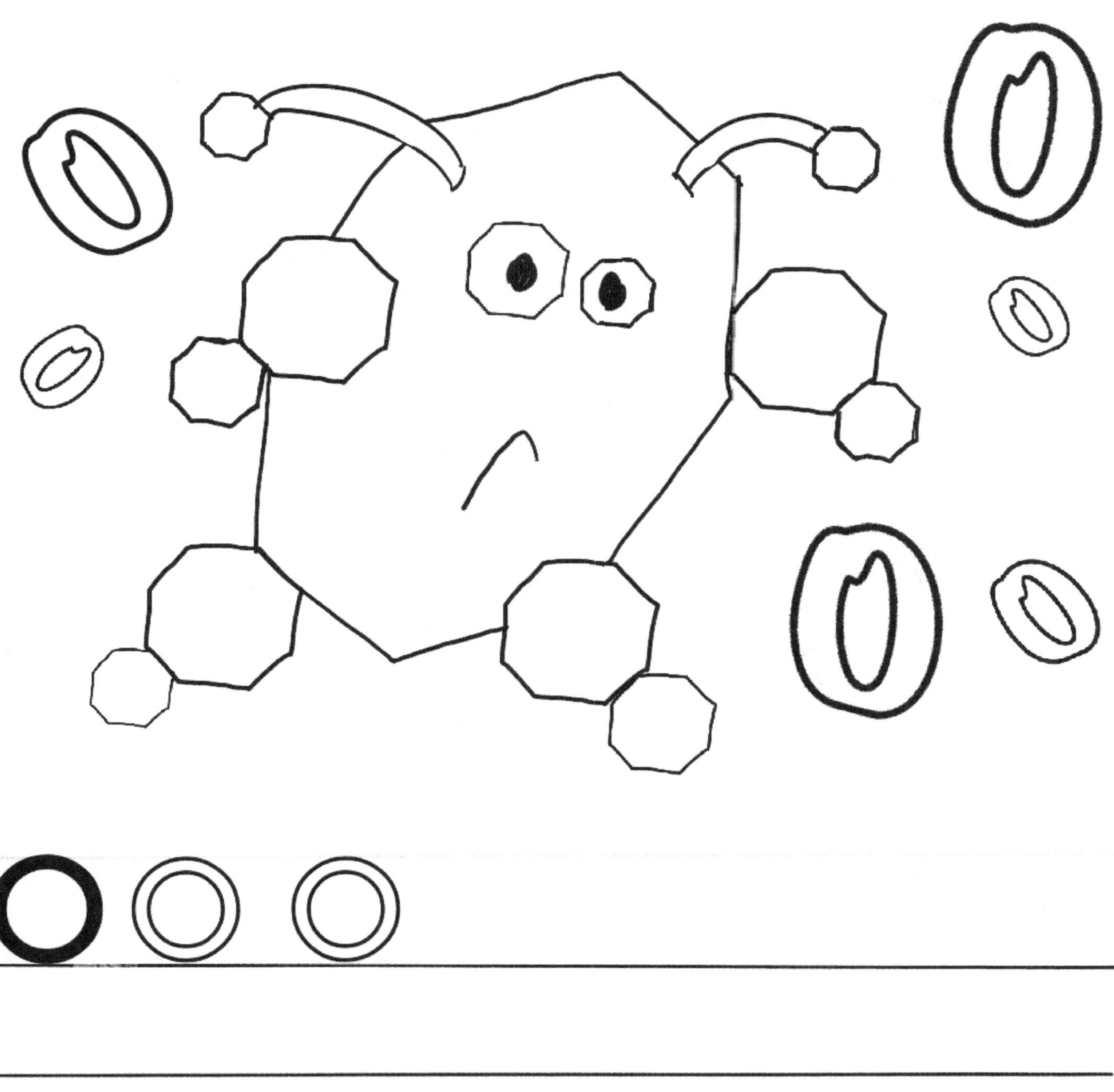

Playful Alien

P P P

p p p

Quiet Alien

Q Q Q

q q q

Rich Alien

R R R

r r r

Silly Alien

S S S

S S S

Thin Alien

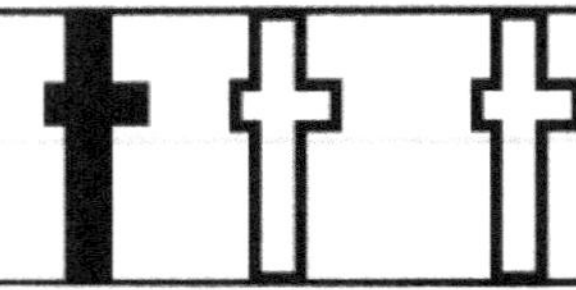

Unafraid Alien

Victorious Alien

V V V

V V V

Wise Alien

W W W

W W W

Boxy Alien

X X X

X X X

Yellow Alien

Y Y Y Y

Y y y y

Zany Alien

Z z z

z z z